SINAIS DO Mar

SINAIS DO Mar

São Paulo
2017

editora gaia

2ª Edição, Editora Gaia, São Paulo, 2017

Jefferson L. Alves – diretor editorial
Richard A. Alves – diretor-geral
Flávio Samuel – gerente de produção
Flavia Baggio – coordenadora editorial
Jefferson Campos – assistente de produção
Fernanda Bincoletto – assistente editorial
Alice Camargo – revisão
Eduardo Okuno – projeto gráfico

Obra atualizada conforme o
NOVO ACORDO ORTOGRÁFICO DA LÍNGUA PORTUGUESA.

Dados Internacionais de Catalogação na Publicação (CIP)
Câmara Brasileira do Livro, SP, Brasil

Machado, Ana Maria
Sinais do mar / Ana Maria Machado. -- São Paulo :
Editora Gaia, 2017.

ISBN: 978-85-7555-467-8

1. Poesia brasileira I. Título.

17-05625 CDD-869.1

Índices para catálogo sistemático:
1. Poesia : Literatura brasileira 869.1

editora gaia

editora gaia ltda.
Rua Pirapitingui, 111-A – Liberdade
CEP 01508-020 – São Paulo – SP
Tel.: (11) 3277-7999 – Fax: (11) 3277-8141
e-mail: gaia@editoragaia.com.br
www.editoragaia.com.br

Nº de Catálogo: **3979**

SINAIS DO
Mar

SUMÁRIO

AQUARELA

Mar azul
sol
a maré
lá
ver de+

coral
cores
em coro

TERRAL

frrr
ao luar
fresca brisa
vem do mar

brrr
arrepio
vento frio
vem do rio

terral
num calafrio
farfalha o coqueiral

SALSUGEM

não é sujeira
nem ferrugem
é sal no ar

sai na areia
só não sai
na maré-cheia

MARESIA

Brisa na restinga,
na onda respinga.

A gota suspira,
o ar me inspira.

Nariz abre a asa,
narina é casa.

É o lar que inspira
é o mar que respira.

GALA SOLAR

calor
coral
colar de pura marola
no alvo colo da praia
decote sem gola
nas costas de gala.

rola
roda
em baile de aberta sala
e toda a baía enrola
na luz que estala
solar.

REVOADA

voam as gaivotas
em revoadas vogais

sal
céu
                                    psiu!
sol
sul

ARRAIA

Adeus, murmúrio!
É só mergulho.
Qualquer marulho
é sem som.
Todo barulho
é visão.

O mar balança
em lenta dança.
– o medo vem desde criança –
a sombra passa
à minha frente.

Arraia assombra
voa silente
desliza lisa e logo some.

Voltando à tona
levo-a comigo
na noite insone.

Pipa empinada no azul molhado.

CAVALHADA

Miúda baía
lua nova de areia
cavalos de onda
de ancas na cheia
crina esvoaça
avançam em massa
manada em banho
anel de bolha
rebanho nada
na costa estoura
se espraia o espanto
retorna à baia

e na enseada
descansa a praia

DÚVIDA

Água-viva
quando morre
fica sendo
água-morta?

Ou água só?

SIRI

Siri
não ri
em serviço.

Se troca a casca
vira ouriço
procura concha,
busca uma toca e,
sumiço.

Não dá mole por aí.
Pra não virar sopa
faz boca
de siri.

BERNARDO EREMITA

Pela imensidão do mar
com muitas patas
e pouca casca
quer novo mundo
para morar.

Que a concha esconda
riscos de onda
giros e voltas
e linhas tortas.
No casco duro
de um oco fundo
ele se infiltra
qual ermitão
em casa bonita,
se faz de dono
e exibe as patas
ao rastejar.

Cinco pontas
cinco destinos
são areias tontas
de desatinos

Cinco sentidos
cinco caminhos
grãos tão moídos
por mares e moinhos

Estrela-guia
em alto-mar
outra Maria
vem me chamar.

Mariscos e marujos
caramujos
caravelam
e velam por caracóis
com a verde fosforescência
que em noturnos sóis
a lua pingou no ar.

Sem escamas
camarões camaradas
fazem a cama
no leito do mar
pra lagostins e pitus
que vêm do leito do rio
em busca de tatuís
com lembrança dos tatus
com saudade dos barrancos
tão carregados de lama
que deixaram para trás
e as águas não trazem mais.

PESCARIA

linha e anzol
fisga no sol
a malha enreda
a rede espalha

puxa peixe
na areia espraia
no seco deita
a guelra gela
a goela espreita
já não engole
já não espanta
vai virar janta

na noite escura
fogo é faca
a luz fatia de brilho o breu
em pedra crua
abre caminhos
ofusca os ninhos
na grota nua
– toca de sombra.

o raio cega
lagosta alerta
o homem pega
com a mão esperta
e logo entrega
pra cesta aberta.

MARÉ BAIXA

Onde anda a onda
se a lua rotunda
se acende redonda
se brilha precisa
na calma tão lisa
da pele do mar?

Em que fenda se finda?
Em que rede se enreda?
Em que sonda se afunda?
Onde trama sua renda
de espuma tão fina
de puro luar?

Luz
Breu

                    Luz
                    Breu

Luz
Breu

O olho de Deus pisca
Risca o céu
Mostra o risco
Salva sem sol o farol

NAUS E NÓS

Naus
saem de Sagres
e deixam infantes,
partem de portos
e deixam mortos,
sangram amores
e rumam ao longe.

Singram
águas salgadas
algas sargaças
a poucos nós.

Lonas e telas
pranchas e cascos
cordas e cabos
rangem e puxam,
fazem e desfazem
nós.

Velas sem vento
almas sem calma
encalham em sargaços
nas águas salgadas.

Algumas naufragam
soçobram em escolhos
só sobram
sem escolha,
sem escolta,
poucas naus
– e nós.

Tantas páginas lidas muito antes
Tantos livros que enchiam as estantes
Tantos heróis a povoar os sonhos
Tantos perigos, monstros tão medonhos

Nos tempos sem tevê e sem imagem
Palavras fabricavam paisagem

Tesouros, mapas, ilhas tropicais,
Argonautas, recifes de corais,
Perigos na neblina entre rochedos.
Vinte mil léguas cheias de segredos,

Histórias de naufrágio e abordagens,
Ulisses, Moby Dick, mil viagens,
Robinson, calmarias, um motim.
Descobertas, veleiros, mar sem fim.

Mezena e bujarrona a todo o pano,
Lonjura, escorbuto, quase um ano.
Respingos salpicando a escotilha
Vagalhões se quebrando sobre a quilha.

Marujos, capitães, navegadores,
Piratas, marinheiros, pescadores,
Um sextante as estrelas a mirar
No convés, som de gaita ao luar

Nuvens de tempestade no horizonte
Um vigia na gávea sonha um monte
A cada onda, cada tábua geme,
O timão firme vai mantendo o leme

Cabeça de palavras povoada
Conversas de amplidão imaginada
Mas que leitura tanto poderia?

Cheiro salgado a entrar pelas narinas
E a dança leve de algas submarinas
Sal azul, movimento de água fria

O que se leu mostrava o infinito
Só não se imaginava tão bonito
Tão pleno de surpresas e imprevistos

Mesmo em tantas belezas celebradas
Por todas as palavras encantadas
Por mares nunca dantes entrevistos

Para mim, este livro é uma ave rara. Nunca pensei que fosse publicar poesia. Ainda que muitas vezes o que escrevo seja chamado de prosa poética. E que meus primeiros textos tenham sido poemas, destruídos por não passarem pelo meu próprio crivo. Como leitora, sou apaixonada por poesia. E exigente com meus poetas. Assim, nunca pensei em publicar poemas. Não me achava à altura.

No entanto, ao longo destes quarenta anos que escrevo, de vez em quando guardava um desses textos, periodicamente visitado e reescrito – coisa que só uma meia dúzia de pessoas muito íntimas sabia. Um dia, Ruth Rocha ficou encarregada de organizar uma coletânea de poesia. E ela, amiga querida, era uma das raríssimas pessoas que conhecia esse lado de minha obra. Pediu-me alguns poemas para a antologia. E eu lá podia negar alguma coisa à Ruth? Passei-lhe cinco que, assim, saíram do ineditismo. A partir desse momento, se espalharam pelas escolas e pelos leitores. Foram incluídos em outras antologias. Até mesmo fora do Brasil, numa coletânea feita nos Estados Unidos, em tradução de Sergio Andricain. Agora ganham um livro todo só para eles.

No processo de selecionar os poemas para a Ruth, dei-me conta de que quase todos eram sobre o mar. Não me surpreende, eu sou do mar. Deve estar nos meus genes. De origem e família. De história e geografia. Minha bisavó portuguesa, em sua aldeia, era conhecida como Rosa, a Marinheira. Carioca, caminho à beira-mar diariamente. Meu irmão e sobrinhos são surfistas. Meu filho e meus netos velejam. As mais antigas recordações de paisagens de minha infância são do mar. A baía de Guanabara vista da janela de casa ou da pracinha no alto do morro, onde eu me balançava. O oceano diante da porteira do quintal dos meus avós capixabas. E as praias todas – as de águas mansinhas onde meu pai me ensinou a nadar, as mais revoltas onde aprendi a descer nas ondas.

Diante do mar, como diante da poesia, aprendi a respeitar o que me transcende. Mas nem por isso deixo de me sentir atraída. Nessa atração me banho. Eventualmente, dou uns mergulhos. Como neste livro.

Ana Maria Machado

IMPRESSÃO E ACABAMENTO: GRAPHIUM